BEI GRIN MACHT SICH IHR
WISSEN BEZAHLT

- Wir veröffentlichen Ihre Hausarbeit,
  Bachelor- und Masterarbeit

- Ihr eigenes eBook und Buch -
  weltweit in allen wichtigen Shops

- Verdienen Sie an jedem Verkauf

Jetzt bei www.GRIN.com hochladen
und kostenlos publizieren

Tamara Rachbauer

Administration eines Teams von Bildarbeitern

Examicus Verlag

Bibliografische Information der Deutschen Nationalbibliothek:

Bibliografische Information der Deutschen Nationalbibliothek: Die Deutsche Bibliothek verzeichnet diese Publikation in der Deutschen Nationalbibliografie; detaillierte bibliografische Daten sind im Internet über http://dnb.d-nb.de/ abrufbar.

Copyright © 2008 GRIN Verlag GmbH
Druck und Bindung: Books on Demand GmbH, Norderstedt Germany
ISBN: 978-3-656-99427-5

http://www.examicus.de/e-book/186581/administration-eines-teams-von-bildarbeitern

Examicus - Verlag für akademische Texte

Der Examicus Verlag mit Sitz in München hat sich auf die Veröffentlichung akademischer Texte spezialisiert.

Die Verlagswebseite www.examicus.de ist für Studenten, Hochschullehrer und andere Akademiker die ideale Plattform, ihre Fachtexte, Studienarbeiten, Abschlussarbeiten oder Dissertationen einem breiten Publikum zu präsentieren.

MD.H

Administration eines Teams von Bildarbeitern

Dokumentation für das Fach „Betriebssysteme II"
Tamara Rachbauer, MI
Letzte Änderung: 13 August 2008

Inhaltsverzeichnis

1 Zusammenfassung

Diese Dokumentation beschäftigt sich mit Maßnahmen, die man als Administrator in einer Multimedia-Agentur treffen muss, damit mehrere Mitarbeiter gleichberechtigt Bilder bearbeiten können.

Dabei werden die gesamten, besprochenen Vorgehensweisen anhand von zwei verschiedenen Betriebssystemen, dem Microsoft Windows Server 2003 und dem Mac OS X Server, untersucht, verglichen und anschließend bewertet.

Anschließend werden geeignete Bildbearbeitungsprogramme erläutert.

Im Abschnitt 2 werden einige allgemeine Begriffe erklärt, die zum besseren Verständnis der weiteren Vorgehensweisen notwendig sind.

Im Abschnitt 3 wird die Erstellung von Benutzerkonten anhand von drei Beispielen auf beiden Betriebssystemen erläutert, und Richtlinien zur Benutzung derselben spezifiziert.

Der 4. Abschnitt beschäftigt sich mit der Einrichtung von Home-Verzeichnissen der Mitarbeiter.

Danach werden im Abschnitt 5 geeignete Bildbearbeitungsprogramme besprochen und abschließend im Abschnitt 6 die Dokumentation mit einer zusammenfassenden Wertung abgeschlossen.

2 Begriffserklärungen

2.1.1 Active Directory

Jeder Benutzer muss sich identifizieren, das heißt sich mit seinem Benutzernamen und einem geheim zu haltenden Kennwort anmelden, um Zugriff auf Ressourcen und Informationen eines Netzwerkes zu erhalten.

Mit der Einführung des Active Directory in Windows 2000 wurde ein neuer Verzeichnisdienst eingeführt, der bei Windows 2003 Server erweitert und in vielen Punkten wesentlich verbessert

wurde. Das Active Directory ist somit das Zentrum für die Sicherheit eines Windows Server 2003 Netzwerkes.

2.1.2 Benutzerkonto

Ein Benutzerkonto enthält die Informationen, die zur Überprüfung der Identität eines Benutzers erforderlich sind. Damit bestimmt das Betriebssystem, welche Berechtigungen dem Benutzer zur Verfügung stehen. Des Weiteren können sie auch für die Anpassung der Benutzeroberfläche genutzt werden.

Solche Benutzerinformationen sind unter anderem

- Benutzername,

- Kennwort,

- ein persönlicher Ordner, etc.

2.1.3 Domäne

Domänen stellen die unterste Einheit für die zentrale Verwaltung, also die Administration der Benutzer, dar. Daneben sind Domänen die natürliche Grenze für Sicherheitseinstellungen. Rechte können innerhalb einer Domäne, aber nicht über diese hinaus vererbt werden.

2.1.4 Globale Gruppen

Globale Gruppen dienen zur Organisation der Benutzer, die Administration wird wesentlich vereinfacht. Im Gegensatz zu den organisatorischen Einheiten, die zum Gruppieren der Benutzer im Active Directory benutzt werden, werden globale Gruppen für die Vergabe von Berechtigungen verwendet.

2.1.5 Gruppenkonto

Ein Gruppenkonto dient zur Verwaltung mehrerer Benutzer mit ähnlichen Eigenschaften bzw. Erfordernissen. Damit ist es z. B. möglich, gemeinsame Zugriffsrechte auf Ordner und Dateien oder Eigenschaften der Computerumgebung festzulegen.

2.1.6 Gruppenordner

Ein Gruppenordner kann einer Gruppe beim Erstellen des Gruppenkontos zugewiesen werden. Der Gruppenordner ist ein Speicherort für die entsprechenden Gruppenmitglieder und dient diesen zum Informationsaustausch untereinander.

Standardmäßig bestehen Gruppenordner laut [Apple Computer 2006b] aus drei Teilen:

1. einem Ordner „Dokumente",

2. einem Ordner „Bibliothek" und

3. einem Ordner „Öffentlich"

2.1.7 Suchpfad

Ein Suchpfad ist eine Liste bestehend aus Verzeichnis-Domains, die der Computer absucht, wenn er Konfigurationsdateien benötigt.

2.1.8 Verzeichnisdienste, Open Directory und Verzeichnis-Domain

Apple Computer beschreibt in [Apple Computer 2002a] Verzeichnisdienste (Directory Services) als eine ideale Methode zum Verwalten von Benutzern und Computerressourcen, da sie einen zentralen Sammelpunkt für Informationen über Systeme, Benutzer und Programme bieten. Namen und Kennwörter oder sonstige Einstellungen könne an einem einzelnen Standort verwaltet werden. Die Verzeichnisdienste-Architektur wird unter Apple als „Open Directory" bezeichnet. Eine Verzeichnis-Domain ist in etwa vergleichbar mit einer Datenbank, auf die der Computer gemäß seiner Einstellungen zugreifen kann, um Konfigurationsdateien abzurufen. Sie befindet sich auf dem Computer selbst oder auf anderen Mac OS X Servern.

3 Benutzerkonten einrichten und Richtlinien zur Benutzung der selben festlegen

Unabhängig vom jeweiligen Betriebssystem sollte man sich vor dem Anlegen von Benutzerkonten auch Gedanken über

- Namenskonventionen,

- Kennwörter und Kennwortrichtlinien,

- Gruppenzugehörigkeit und

- Berechtigungen machen.

Deshalb erfolgt zunächst eine kurze Einführung, bevor das Einrichten der drei Benutzerkonten und des Gruppenkontos beschrieben wird. Anschließend werden Richtlinien für die Benutzung derselben spezifiziert.

Dabei werden die Vorgehensweisen für die beiden Betriebssysteme, Windows Server 2003 und Mac OS X Server getrennt voneinander durchgeführt.

3.1 Strategien vor dem Anlegen von Benutzerkonten

3.1.1 Namenskonventionen

Für den Benutzernamen, der den Benutzer identifizieren soll, wird von den Firmen meist der Vor- und Nachname zur besseren Identifizierung der jeweiligen Benutzer verwendet. Z. B. Herbert Meier, Klaus Müller oder Clara Schulze.

Der Kurzname wird für die Anmeldung am Server genutzt, damit der Benutzer nicht den langen Benutzernamen eingeben muss. Er besteht ausschließlich aus Buchstaben, Ziffern, dem

Bindestrich oder dem Unterstrich. Eine mögliche Variante für einen Kurznamen wäre eine Kombination aus Vor- und Nachname. Z. B. hmeier, kmueller oder cschulze.

3.1.2 Kennwort

Das Kennwort wird vom Benutzer beim Anmelden am Server verwendet. Es wird zwischen Groß- und Kleinschreibung unterschieden.

Das Kennwort sollte einen hohen Sicherheitsstandard aufweisen und so gewählt werden, dass es von unbefugten Benutzern nicht ohne weiteres zu erraten ist.

Das Kennwort sollte eine Kombination aus Buchstaben, Zahlen und Symbolen sein und dennoch für den Benutzer leicht merkbar sein.

Andreas Borchert beschreibt in [Borchert 1996] drei konkrete Methoden zur Passwortbestimmung:

1. **Methode Spruch** Dabei wählt man eine Zeile aus einem Lieblingsgedicht oder einen anderen nicht allzu gebräuchlichen Spruch und nimmt davon jeweils die Anfangsbuchstaben. So würde aus „Es gibt kein Bier auf Hawaii" das Passwort „EgkBaH". Sicherheitshalber sollten zusätzlich noch Sonderzeichen oder Variationen eingestreut werden, z. B. durch Einfügen einer Klammer: „Egk(BaH".

2. **Methode Doppelwort** Auswahl von zwei Wörtern, die gekürzt, entstellt und mit Sonderzeichen versehen werden. So könnte aus „Leberwurst" und „Schweizer Rösti" etwa zunächst „berwzti" werden, das dann zu „berw%zti" wird.

3. **Methode Zufall** Acht Zeichen werden per Zufall ausgewählt. Ein altes, nicht mehr verwendetes Passwort war laut [Borchert 1996] z. B „vb z.xc".

3.1.3 Kennwortrichtlinien

Unter Mac OS X Server gibt es verschiedene Kennwortstrategien, von denen die nachfolgenden für den Fall der Administration eines Teams von Bildbearbeitern von Relevanz sind.

- **Speichern eines Kennwortes im Benutzer-Account.** Hierbei handelt es sich um die Standardstrategie. Apple Computer beschreibt diese Strategie in [Apple Computer 2002b] als die einfachste und schnellste Methode, da sie bezüglich der Kennwortüberprüfung nicht von einer anderen Infrastruktur abhängig ist. Nachteil an dieser Methode ist, dass man keine Richtlinien wie z.B. eine Mindestlänge festlegen kann, die die Sicherheit erhöhen.

- **Arbeiten mit einem Kennwort-Server.** Mit dieser Methode kann man nun im Gegensatz zur Standardstrategie Richtlinien zur Benutzung der Kennwörter einrichten und die Kennwörter während der Übertragung schützen. Nachteil hierbei ist, dass der Kennwort-Server verfügbar sein muss, damit eine Anmeldung mit dem Kennwort möglich ist.

In der nachfolgenden Tabelle sind die Einschränkungen für Mac OS X Server Kennwörter festgelegt.

Dienst oder Programm	7-Bit ASCII Kennwörter OK	8-Bit ASCII Kennwörter OK	Zweibyte-Kennwörter OK
Apple File Server	X	X	
File Transfer Protocol (FTP) Server	X		
IMAP	X	X (bestimmte IMAP-Clients)	
Macintosh Manager	X	X	
POP3	X		
Server Admin	X	X	
Web Server	X		
Windows Server	X		

3.1 „**Übersicht Mac OS X Server Kennwortunterstützung** ". In: Mac OS X Server Administratorhandbuch.

[Microsoft TechNet 2005] schreibt über Kennwortrichtlinien unter Windows Server 2003:

- **Kennwortchronik erzwingen**: speichert mehrere vorherige Kennwörter und verhindert damit, dass Benutzer nach Ablauf ihres Kennworts nicht erneut das gleiche Kennwort verwenden.

- **Maximales Kennwortalter**: in der Regel sollte dieser Wert laut [Microsoft TechNet 2007c] auf alle 30 bis 90 Tage eingestellt sein. So erhält ein Angreifer, der ein Kennwort ermittelt, nur so lange Zugriff auf das Netzwerk, bis das Kennwort abläuft.

- **Minimales Kennwortalter**: damit kann das Kennwort erst nach einer bestimmten Anzahl von Tagen geändert werden.

- **Minimale Kennwortlänge**: Kennwörter müssen mindestens eine angegebene Anzahl von Zeichen enthalten. Lange Kennwörter – mindestens 7 Zeichen – sind üblicherweise sicherer als kurze. Mit dieser Richtlinieneinstellung können Benutzer keine leeren Kennwörter verwenden. Stattdessen müssen sie Kennwörter erstellen, die eine bestimmte Anzahl von Zeichen umfassen.

- **Kennwort muss Komplexitätsvoraussetzungen entsprechen**: Alle neuen Kennwörter werden überprüft, um sicherzustellen, dass sie den Grundanforderungen für sichere Kennwörter entsprechen.

3.1.4 Gruppenzugehörigkeit und Berechtigungen

Wie schon im Abschnitt 2.1.5 beschrieben erleichtern Gruppen die Verwaltung gemeinsam genutzter Ressourcen, da man Benutzer zu Gruppen hinzufügen kann und danach der ganzen Gruppe Berechtigungen erteilt, anstatt dies für jeden Benutzer einzeln machen zu müssen.

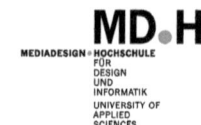

Im Falle der drei Mitarbeiter, die gleichberechtigt Bilder bearbeiten sollen, könnte eine mögliche Gruppe „Bildbearbeitung" heißen. Dieser Gruppe fügt man die Mitarbeiter hinzu und vergibt dann für diese Gruppe Zugriffsbeschränkungen auf entsprechende Verzeichnisse.

3.2 Vorgehensweise zum Einrichten von Benutzerkonten und Gruppenkonten unter Mac OS X Server

Der Mac OS X Server stellt dem Administrator das Programm „Arbeitsgruppen-Manager" zur Verfügung, das diesem unter anderem zum Einrichten und Verwalten von Benutzerkonten und Gruppenkonten dient. Das Programm selbst wird automatisch beim Installieren des Mac OS X Servers mitinstalliert und findet sich unter dem Verzeichnis „/Programme/ Dienstprogramme".

Nach dem Anmelden als Administrator erscheint das Fenster mit dem man sich die Benutzer, Gruppen und Computer des lokalen Servers anzeigen lassen kann.

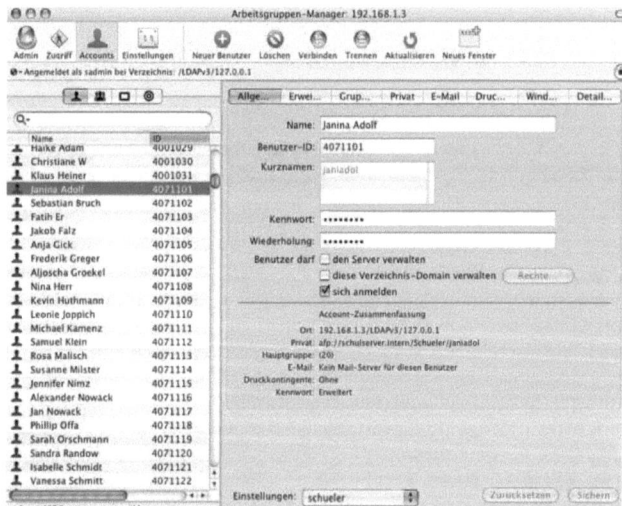

3.2 **„Benutzer-Account-Fenster des Arbeitsgruppen-Manager"**. In: Mac OS X Server Administrator-Handbuch.

3.2.1 Vorgehensweise zum Anlegen der drei Benutzer-Accounts

Schritt für Schritt Anleitung zum Erstellen der neuen Benutzer laut [Apple Computer 2002b]

1. Im Programm „Arbeitsgruppen-Manager" auf „Accounts" klicken.

2. Auf den Button mit der Weltkugel klicken und die Verzeichnis-Domain öffnen, in der der Benutzer-Account angelegt werden soll.

3. Auf den Button mit dem Schlosssymbol klicken und als Verzeichnis-Administrator anmelden.

4. Auf „Server" und „Neuer Benutzer" klicken.

5. Im Feld „Name" den Benutzernamen „Herbert Meier" eingeben.

6. Im Feld „Benutzer-ID" die Benutzer-ID 600 eingeben. Die Benutzer-ID identifiziert den Benutzer Herbert Meier eindeutig. Wenn Herbert Meier ein Verzeichnis oder eine Datei erstellt, wird seine Benutzer-ID als ID des Eigentümers gespeichert. Nur der Benutzer mit dieser ID hat Lese- und Schreibzugriff auf dieses Verzeichnis oder diese Datei.

7. Im Feld „Kurznamen" den Kurznamen „hmeier" eingeben. Unter diesem erscheint der Benutzer dann auch innerhalb einer Gruppe.

8. Im Feld „Kennwort" ein Kennwort eingeben. Das gleiche Kennwort nochmals im Feld „Wiederholung" eingeben.

9. Häkchen bei „Benutzer darf: sich anmelden" setzen.

10. Auf den Button „Sichern" klicken, um die Einstellungen zu speichern.

Diese neun Schritte für die anderen beiden Benutzer Klaus Müller und Clara Schulze wiederholen. Dabei für Klaus Müller im Feld „Kurznamen" kmueller eintragen und im Feld „Benutzer-ID" 601. Für Clara Schulze im Feld „Kurznamen" cschulze eintragen und im Feld „Benutzer-ID" 602.

3.2.2 Vorgehensweise zum Anlegen des Gruppen-Accounts „Bildbearbeitung" und Hinzufügen der drei zuvor angelegten Benutzer

Schritt für Schritt Anleitung zum Erstellen des neuen Gruppen-Accounts laut [Apple Computer 2002b]

1. Im Programm „Arbeitsgruppen-Manager" auf „Accounts" klicken.

2. auf den Button mit der Weltkugel klicken und die Domain öffnen, in der der Gruppen-Account angelegt werden soll.

3. Auf den Button mit dem Schlosssymbol klicken und als Verzeichnis-Administrator anmelden.

4. Auf den Button „Gruppen" klicken.

5. Auf „Server" und „Neue Gruppe" klicken.

6. Im Feld „Name" den Gruppennamen „Bildbearbeitung" eingeben.

7. Im Feld „Gruppen-ID" die Gruppen-ID 110 eingeben. Die Gruppen-ID identifiziert die Gruppe „Bildbearbeitung" eindeutig.

Administration eines Teams von Bildarbeitern
Dokumentation für das Fach „Betriebssysteme II"

Tamara Rachbauer, MI

MD.H
MEDIADESIGN·HOCHSCHULE
FÜR
DESIGN
UND
INFORMATIK
UNIVERSITY OF
APPLIED
SCIENCES

8. Im Feld „Kurznamen" den Kurznamen „Bildbear" eingeben.

9. Auf den Button „Hinzufügen" klicken. Es erscheint eine Liste der Benutzer der Verzeichnis-Domain.

10. Die Benutzer hmeier, kmueller und cschulze auswählen und in die mit „Mitglieder" gekennzeichnete Liste ziehen.

11. Auf den Button „Sichern" klicken, um die Einstellungen zu speichern.

3.2.3 Richtlinien für die Benutzung der einzelnen Konten

Richtlinien, die getroffen werden sollten, betreffen unter anderem die Anmeldeeinstellungen, und die Einstellungen zum Umgang mit dem Kennwort.

Die Anmeldeeinstellungen finden sich im Arbeitsgruppen-Manager beim jeweiligen Benutzer-Account unter dem Register „Erweitert". Die folgenden Einstellungen können für die drei zuvor angelegten Benutzer-Accounts gleichzeitig getroffen werden, indem die drei Benutzer aus der Liste der Accounts ausgewählt und markiert werden.

- Damit die Benutzer nicht über die Befehlszeile auf den entfernten Server zugreifen können, muss bei Anmelde-Shell die Option „Keine" gewählt werden.

- Bei „Benutzerkennwort: Von Kennwort-Server" auswählen, dann auf „Optionen…" klicken.

  – Das folgende Fenster öffnet sich, indem man nun die Möglichkeit hat, spezielle Einstellungen das Kennwort betreffend durchzuführen.

3.3 **„Erweiterte Benutzereinstellungen zum Kennwort".** In: Mac OS X Server Administrator-Handbuch.

- Im Falle der drei Benutzer Herbert Meier, Klaus Müller und Clara Schulze wird ein Häkchen bei „Minimale Kennwortlänge" gesetzt und dieses auf acht Zeichen begrenzt.

- Weiters werden noch die Häkchen bei „Benutzer darf sein Kennwort ändern" und „Änderung bei nächster Anmeldung erzwingen" gesetzt.

- Wenn alle Einstellungen für alle drei Benutzer getroffen sind, auf OK klicken.

3.3 Vorgehensweise zum Einrichten von Benutzerkonten und Gruppenkonten unter Windows Server 2003

Der Windows Server 2003 bietet dem Administrator verschiedene Verwaltungstools, um die Verwaltung des Verzeichnisdienstes Active Directory zu erleichtern. Die einzelnen Tools werden als „Snap-Ins" bezeichnet.

Für das Arbeiten mit Benutzern und Gruppen wird das Snap-In Active Directory-Benutzer und – Computer zur Verfügung gestellt. Dieses startet man mit Start, Programme, Verwaltung, Active Directory-Benutzer und –Computer.

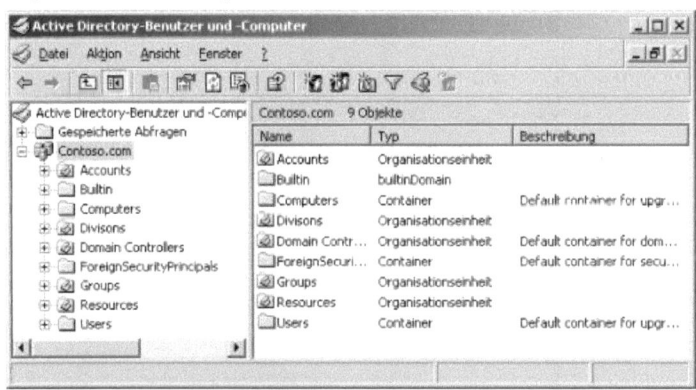

3.4 „Snap-In Active Directory-Benutzer und -Computer". In: Microsoft TechNet.

Bevor man die Benutzer anlegt, wird eine Organisationseinheit mit dem Namen „Accounts" angelegt, darunter eine weitere mit dem Namen „Multimedia". Microsoft TechNet beschreibt Organisationseinheiten (Organizational Units, OUs) in [Microsoft TechNet 2004] als Container für die logische Ordnung von Verzeichnisobjekten wie Benutzern, Gruppen und Computern verwendet. Sie sind mit den Ordnern vergleichbar, mit denen die Dateien auf der Festplatte organisiert werden.

Dies geschieht folgendermaßen:

• Mit der rechten Maustaste auf den Servernamen (in der Abbildung Contoso.com) klicken.

• Im Kontextmenü auf „Neu" und dann auf „Organisationseinheit".

- Als Namen „Accounts" eintragen und auf OK klicken.

Derselbe Vorgang wird für „Multimedia" wiederholt.

- Mit der rechten Maustaste auf „Accounts" klicken.

- Im Kontextmenü auf „Neu" und dann auf „Organisationseinheit".

- Als Namen „Multimedia" eintragen und auf OK klicken.

3.3.1 Vorgehensweise zum Anlegen der drei Benutzer-Accounts Herbert Meier, Klaus Müller und Clara Schulze

Schritt für Schritt Anleitung zum Erstellen der neuen Benutzer.

1. Mit der rechten Maustaste auf die eben erstellte Organisationseinheit „Multimedia" klicken.

2. Im Kontextmenü auf „Neu" und dann auf „Benutzer".

3. Im sich öffnenden Dialogfeld folgende Eingaben durchführen:

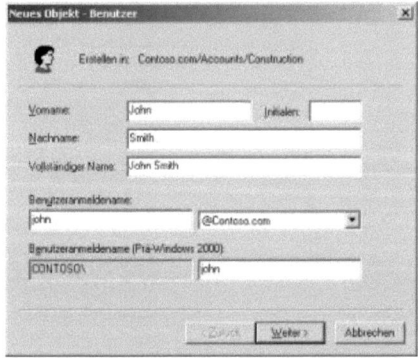

3.5 **„Dialogfeld Neues Objekt – Benutzer".** In: Microsoft TechNet.

a) Im Feld „Vorname" Herbert eingeben.

b) Im Feld „Nachname" Meier eingeben.

c) Im Feld „Benutzeranmeldename" hmeier eingeben.

4. Danach auf den Button „Weiter" klicken

5. Im Feld „Kennwort" das Kennwort „hmeier" eingeben, das gleich auch im Feld „Kennwort bestätigen".

6. Die Option „Benutzer muss Kennwort bei der nächsten Anmeldung ändern" wählen.

7. Auf den Button „Weiter" klicken.

8. Im nun folgenden Bestätigungsdialogfeld auf den Button „Fertig stellen" klicken.

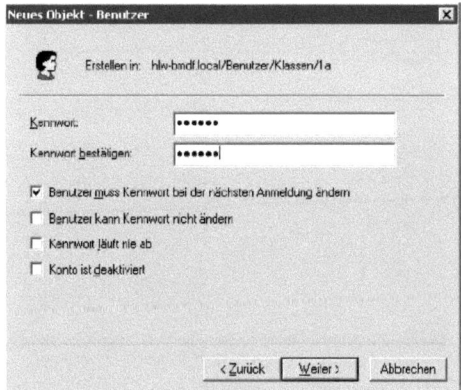

3.6 **„Dialogfeld Neues Objekt – Benutzer Kennworteinstellungen".** In: Microsoft TechNet.

Diese Schritte für Klaus Müller und Clara Schulze wiederholen.

• Dabei wird für Klaus Müller der Benutzeranmeldename „kmueller" eingegeben, für das Kennwort ebenfalls „kmueller".

• Bei Clara Schulze wird der Benutzeranmeldename „cschulze" eingegeben, für das Kennwort ebenfalls „cschulze".

3.3.2 Vorgehensweise zum Anlegen der globalen Gruppe „Bildbearbeitung" und Hinzufügen der drei zuvor angelegten Benutzer

Schritt für Schritt Anleitung zum Erstellen der neuen Gruppe „Bildbearbeitung"

1. Mit der rechten Maustaste auf die erstellte Organisationseinheit „Multimedia" klicken.

2. Im Kontextmenü auf „Neu" und dann auf „Gruppe".

3. Im sich öffnenden Dialogfeld folgende Eingaben durchführen:

   a) Im Feld „Gruppenname" Bildbearbeitung eingeben.

b) Im „Gruppenbereich" Global auswählen.

c) Im „Gruppentyp" Sicherheit wählen.

4. Danach auf den Button „OK" klicken.

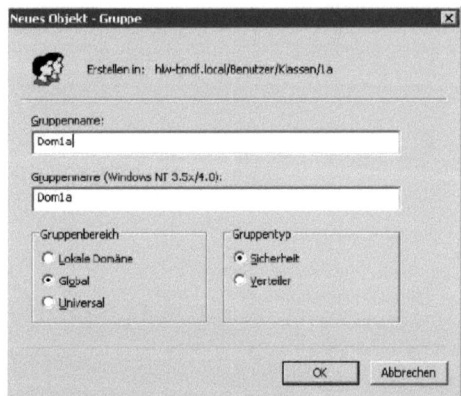

3.7 **„Dialogfeld Neues Objekt – Gruppe".** In: Microsoft TechNet.

Die drei Benutzer Herbert Meier, Klaus Müller und Clara Schulze können nun per Drag&Drop der Gruppe Bildbearbeitung hinzugefügt werden.

Dazu müssen die drei Benutzer markiert werden und auf die Gruppe gezogen werden.

4 Anlegen des Home-Verzeichnisses und des gemeinsam nutzbaren Ordners „Bildaustausch"

In diesem Abschnitt werden die Vorgehensweisen zum Erstellen der Home-Verzeichnisse und zum Erstellen des gemeinsamen Ordners „Bildaustausch", das dem Datenaustausch untereinander dienen soll, beschrieben.

4.1 Vorgehensweise zum Anlegen des Home-Verzeichnisses und des gemeinsam nutzbaren Ordners unter Mac OS X Server

4.1.1 Anlegen des Home-Verzeichnisses bzw. des „Privatordners"

Im Mac OS X Server wird das Home-Verzeichnis als „Privatordner" bezeichnet. In diesen kann der Benutzer seine persönlichen Daten ablegen. Der Benutzer ist Eigentümer und hat Lese- und Schreibzugriff darauf.

Schritt für Schritt Anleitung zum Erstellen des „Privatordners" laut [Apple Computer 2002b]

1. Im Programm „Arbeitsgruppen-Manager" auf „Accounts" klicken.

2. Aus der Benutzerliste wird Herbert Meier ausgewählt.

3. Auf das Register „Privat" klicken.

4. Die Option „Lokal" wählen.

5. Aus der eingeblendeten Liste „Netzwerkordner" das Netzwerkvolume auswählen, auf dem der Privatordner angelegt werden soll. Hierbei kann man das standardmäßig angelegte Netzwerkvolume „/Users" verwenden.

6. Zuletzt auf den Befehl „Sichern" klicken, um die Einstellungen zu speichern.

Das Festlegen der Einstellungen für die Privatordner sollte vor dem Anlegen der Benutzer erfolgen.

Beim Definieren der Benutzer wird dann automatisch der Privatordner, der nach dem Kurznamen des Benutzers benannt wird, auf dem festgelegten Netzwerkvolume erstellt.

Im Falle der drei Benutzer

- Herbert Meier,

- Klaus Müller und

- Clara Schulze

werden automatisch die drei Privatordner mit den Bezeichnungen

- hmeier,

- kmueller und

- cschulze

auf dem Netzwerkvolume „/Users" angelegt.

4.1.2 Anlegen des gemeinsam nutzbaren Ordners

Mac OS X Server stellt der Gruppe für den gemeinsamen Austausch von Informationen die so genannten Gruppenordner zur Verfügung. Diese können bei einem Gruppen-Account angelegt werden und werden dann unterhalb des Netzwerkvolumes „/groups" unter Verwendung des Kurznamens der Gruppe erstellt. Das Netzwerkvolume „/groups" wird beim erstmaligen Einrichten des Servers automatisch eingerichtet.

Schritt für Schritt Anleitung zum Erstellen des gemeinsam nutzbaren Ordners laut [Apple Computer 2002b]

1. Im Programm „Arbeitsgruppen-Manager" auf „Accounts" klicken.

2. Auf den Button mit dem Gruppen-Symbol klicken.

Administration eines Teams von Bildarbeitern
Dokumentation für das Fach „Betriebssysteme II"

MD.H
MEDIADESIGN • HOCHSCHULE
FÜR
DESIGN
UND
INFORMATIK
UNIVERSITY OF
APPLIED
SCIENCES

Tamara Rachbauer, MI

3. Aus der Liste wird die Gruppe „Bildbearbeitung" ausgewählt.

4. Auf das Register „Volumes" klicken.

5. Die Option „Netzwerk" wählen.

6. Auf „Wählen" klicken und aus der eingeblendeten Liste den Server wählen, der ein „Netzwerkvolume „/groups" enthält.

7. Im Feld „Eigentümer" den Administrator angeben.

8. Die Felder „Gruppen-Dokumente einblenden" und „Gruppen-Volume beim Start aktivieren", damit der Gruppenordner beim Anmelden der Mitglieder am Server diesen sofort zur Verfügung steht.

9. Zuletzt auf den Befehl „Sichern" klicken, um die Einstellungen zu speichern.

4.2 Vorgehensweise zum Anlegen des Home-Verzeichnisses und des gemeinsam nutzbaren Ordners unter Windows Server 2003

4.2.1 Anlegen des Home-Verzeichnisses bzw. persönlichen Ordners

Im Windows Server 2003 findet man für das Home-Verzeichnis auch Bezeichnungen wie „Basisverzeichnis" oder „persönlicher Ordner". Damit sich die Benutzer nicht um die Sicherung der Daten im „persönlichen Ordner" kümmern müssen, bietet Windows Server 2003 die Möglichkeit der Ordnerumleitung auf die Server-Festplatte.

Weitere Vorteile der Ordnerumleitung sind laut [Microsoft TechNet2004a] unter anderem:

- Auch wenn sich der Benutzer auf verschiedenen Computern im Netzwerk anmeldet, stehen die Dokumente des Benutzers immer zur Verfügung.

- Die Technologie für Offlinedateien bietet Benutzern auch dann den Zugriff auf den persönlichen Ordner, wenn diese nicht mit dem Netzwerk verbunden sind. Dies ist vor allem für Benutzer tragbarer Computer nützlich.

Schritt für Schritt Anleitung zum Erstellen der Ordnerumleitung laut [Microsoft TechNet2004a]

1. Um die Ordnerumleitung durchführen zu können, muss zunächst ein Ordner „User Data" im Windows Explorer auf dem Server angelegt werden.

2. Dann per Rechtsklick auf den Ordner „User Data" und im Kontextmenü „Eigenschaften" wählen.

3. Im sich nun öffnenden Fenster das Register „Freigabe" wählen.

4. Die Option „Diesen Ordner freigeben" auswählen.

Administration eines Teams von Bildarbeitern
Dokumentation für das Fach „Betriebssysteme II"

MD.H
MEDIADESIGN • HOCHSCHULE
FÜR
DESIGN
UND
INFORMATIK
UNIVERSITY OF
APPLIED
SCIENCES

Tamara Rachbauer, MI

5. Im Feld „Freigabename:" erscheint automatisch der Name des erstellten Ordners. Dieser Name wird übernommen, wobei noch ein Dollarzeichen an den Namen gehängt wird. Dieses bewirkt eine verborgene Freigabe.

4.1 „**Fenster Eigenschaften von User Data, Register Freigabe**".. In: Microsoft TechNet

6. Auf den Button „Offlineeinstellungen" klicken.

7. „Alle Dateien und Programme, die Benutzer auf der Freigabe öffnen, automatisch offline verfügbar machen" auswählen und auf OK klicken.

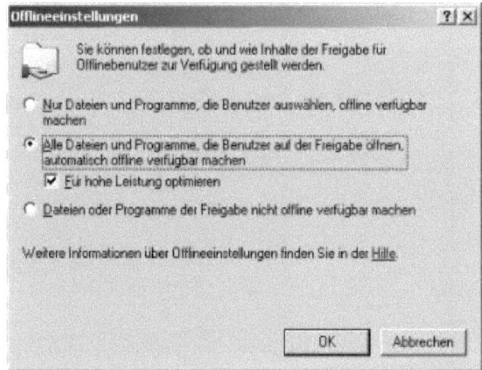

4.2 „**Fenster Offlineeinstellungen**".. In: Microsoft TechNet

8. Im sich öffnenden Fenster bei den Berechtigungen „Vollzugriff" auswählen und auf OK klicken.

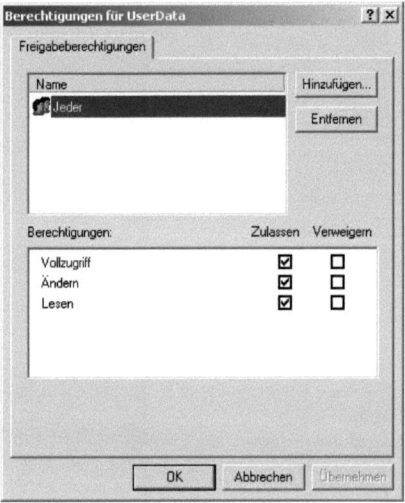

4.3 „Fenster Berechtigungen für User Data".. In: Microsoft TechNet

9. Im sich öffnenden Fenster „Eigenschaften von User Data" das Register „Sicherheitsein-stellungen" wählen.

4.4 „Fenster Eigenschaften von User Data, Register Sicherheitseinstellungen".. In: Microsoft TechNet

10. Bei Berechtigungen „Schreiben" wählen und auf OK klicken.

Wenn diese Schritte durchgeführt sind, wird die eigentliche Ordnerumleitung eingerichtet. Dies geschieht mit einer Gruppenrichtlinie.

Windows Server 2003 stellt zum Verwalten von Gruppenrichtlinien die Gruppenrichtlinienverwaltung zur Verfügung. Diese findet sich unter Start – Programme – Verwaltung – Gruppenrichtlinienverwaltung

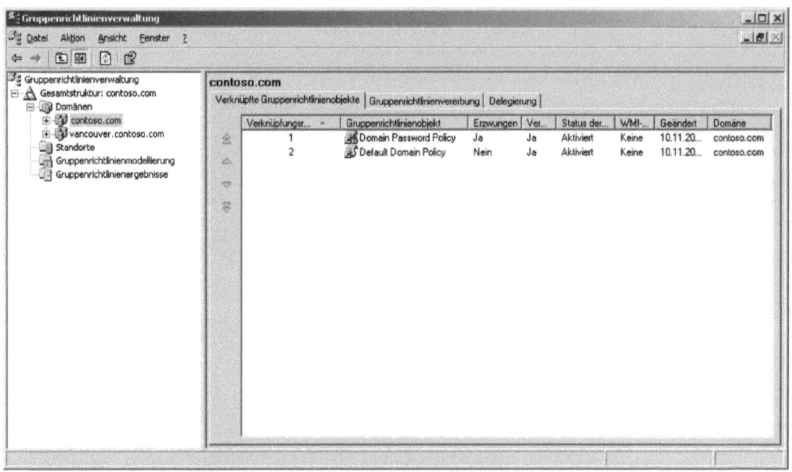

4.5 **„Fenster Gruppenrichtlinienverwaltung".**. In: Microsoft TechNet

Schritt für Schritt Anleitung, um die Benutzerordner umzuleiten wie in [Microsoft TechNet2004a] beschrieben.

1. In der Gesamtstruktur auf der linken Seite der Gruppenrichtlinienverwaltung die Organisationseinheit „Multimedia".

2. Mit der rechten Maustaste auf die Organisationseinheit „Multimedia" klicken, und dann auf „Gruppenrichtlinienobjekt hier erstellen und verknüpfen".

3. Im Fenster „Neues GPO" die Zeichenfolge „Ordnerumleitung" für „Name" eingeben und auf OK.

4. In der Organisationseinheit „Multimedia" mit der rechten Maustaste auf „Ordnerumleitung" klicken und dann auf „Bearbeiten".

5. Im Gruppenrichtlinienobjekt-Editor die Option „Windows-Einstellungen" suchen und „Ordnerumleitung" auswählen.

6. Mit der rechten Maustaste auf „Eigene Dateien" klicken, dann auf „Eigenschaften".

7. Bei „Einstellung" auf „Standard - Leitet alle Ordner auf den gleichen Pfad um".

8. Für den Zielordner die Option „Einen Ordner für jeden Benutzer im Stammpfad erstellen" einstellen, und bei Stammverzeichnis \\Servername\User Data$ eingeben.

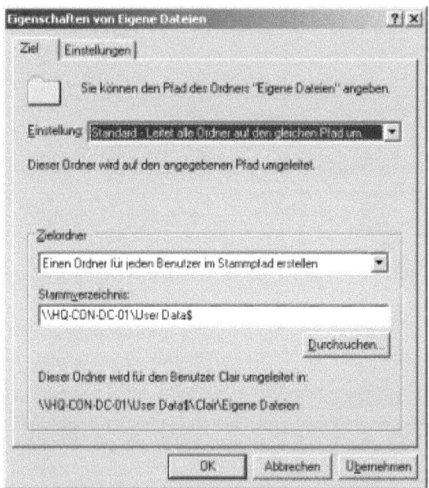

4.6 **„Fenster Eigenschaften von Eigene Dateien".**. In: Microsoft TechNet

4.2.2 Anlegen und Freigeben des gemeinsam nutzbaren Ordners „Bildaustausch"

Schritt für Schritt Anleitung zum Erstellen und Freigeben des Ordners „Bildaustausch"

1. Um den gemeinsamen Ordner „Bildaustausch" der Gruppe zur Verfügung stellen zu können, muss dieser im Windows Explorer auf dem Server zuerst angelegt werden.

2. Dann per Rechtsklick auf den Ordner „Bildaustausch" und im Kontextmenü „Eigenschaften" wählen.

3. Im sich nun öffnenden Fenster das Register „Freigabe" wählen.

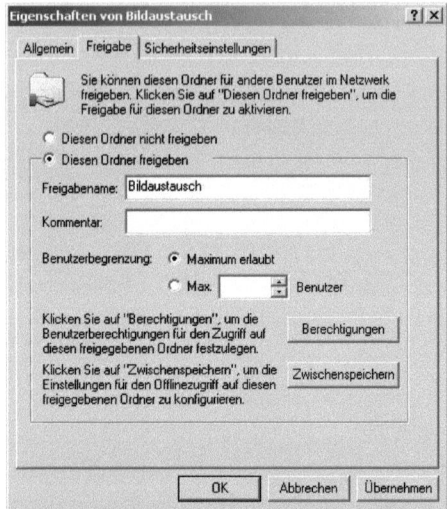

4.7 **„Fenster Eigenschaften von Bildaustausch, Register Freigabe".** Screenshot Privat-PC.

4. Die Option „Diesen Ordner freigeben" auswählen.

5. Im Feld „Freigabename:" erscheint automatisch der Name des erstellten Ordners. Dieser Name wird übernommen.

6. Auf den Button „Berechtigungen" klicken.

MD.H

MEDIADESIGN • HOCHSCHULE
FÜR
DESIGN
UND
INFORMATIK
UNIVERSITY OF
APPLIED
SCIENCES

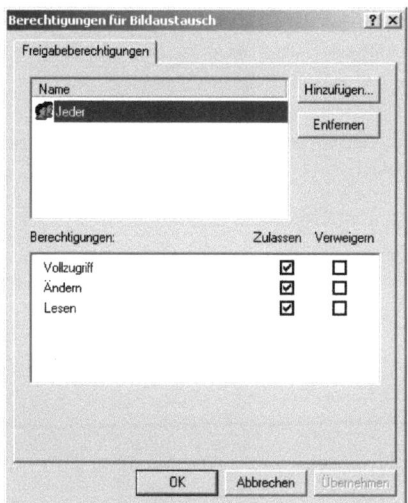

4.8 „Fenster Berechtigungen für Bildaustausch". Screenshot Privat-PC.

7. Im sich nun öffnenden Fenster die Gruppe „Jeder" durch einen Klick auf den Button „Entfernen" löschen.

8. Auf den Button „Hinzufügen…" klicken.

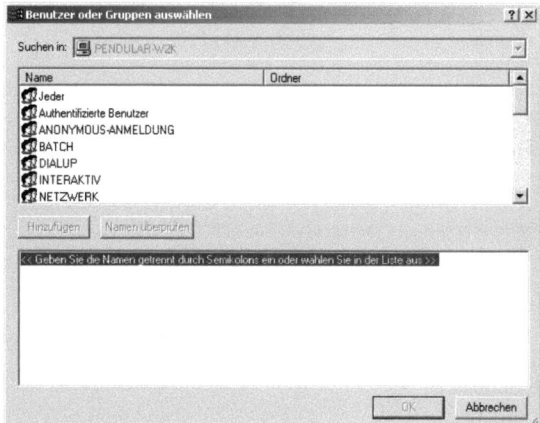

4.9 „Fenster Benutzer oder Gruppen auswählen". Screenshot Privat-PC.

Administration eines Teams von Bildarbeitern
Dokumentation für das Fach „Betriebssysteme II"

Tamara Rachbauer, MI

MD.H
MEDIADESIGN∘HOCHSCHULE
FÜR
DESIGN
UND
INFORMATIK
UNIVERSITY OF
APPLIED
SCIENCES

9. Im sich nun öffnenden Fenster die Gruppe „Bildbearbeitung" auswählen und auf den Button „Hinzufügen" klicken.

10. Dann auf „OK" klicken.

11. Im sich öffnenden Fenster die Berechtigungen für die Gruppe auf „Ändern" und „Lesen" setzen und auf OK klicken.

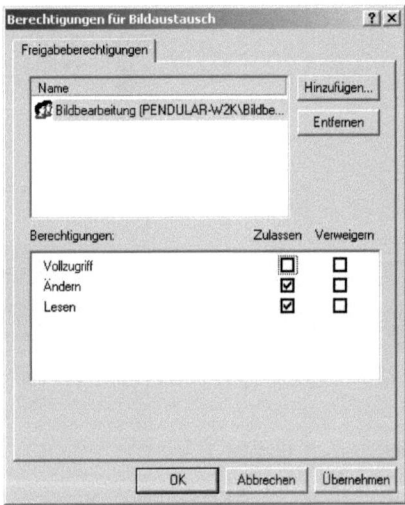

4.10 „**Fenster Berechtigungen für Bildaustausch".** Screenshot Privat-PC.

Die Benutzer können nun über den Windows Explorer nach diesem Ordner suchen und diesen als Netzlaufwerk zuordnen.

Soll der Ordner automatisch beim Anmelden des Benutzers am Server als Netzlaufwerk verbunden werden, muss man ein Anmeldeskript verwenden, das in die Gruppenrichtlinien.

5 Geeignete Bildbearbeitungsprogramme

Im Bildbearbeitungsbereich gibt es zahlreiche Angebote. Angefangen von den kostenpflichtigen Produkten wie Adobe Photoshop, Corel Draw oder Ulead Photo Impact bis hin zur kostenlosen Bildbearbeitungssoftware GIMP.

Photo Shop ist im Bereich der professionellen Bildbearbeitung laut [Kartellamt 2005] mit einem Marktanteil von 60 bis 70 Prozent Marktführer.

Der Marktanteil des nächst größeren Wettbewerbers Corel liegt zwischen 5% und 15%, zielt laut [Bundeskartellamt 2005] eher auf den Amateurmarkt und beendet seine Unterstützung für den Mac mit der Version 11.

Weitere Wettbewerber wie etwa Ulead erzielen Marktanteile, die (teilweise deutlich) unter 10% liegen.

5.1 Adobe Photo Shop

In der Bild ver- und bearbeitenden Branche hat sich Adobe Photo Shop laut [Rieß 2005] als Industriestandard durchgesetzt und ist wie die meisten anderen Adobe-Anwendungen für Mac OS X und Microsoft Windows verfügbar.

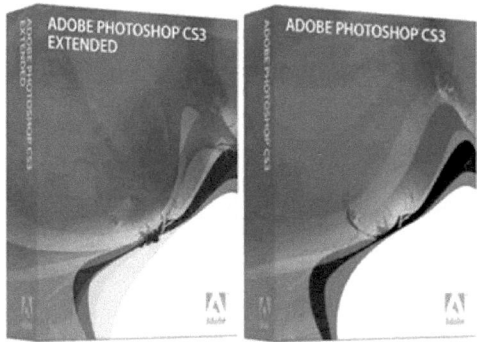

5.1 „Adobe Photo Shop CS3 und - Adobe Photo Shop CS3 Extended". In www.adobe.com.

Seit der Fusion mit Macromedia hat das Unternehmen einen, wie das [Bundeskartellamt 2005] schreibt, der größten Konkurrenten aus dem Feld geräumt. Durch diese Absorption kann das Unternehmen nun für beinahe jeden Bereich der Medienproduktion Software anbieten.

5.2 „Adobe Creative Suite CS3 Versionen". In www.adobe.com.

Erwähnenswert ist auch die Unterstützung bei den Problemstellungen, die sich durch Teamwork ergeben. Hierfür hat Adobe mit der ersten Ausgabe der Creative Suite, einer Sammlung von Grafik- und Designprogrammen zu denen auch Photoshop gehört, die serverbasierte Anwendung „Version Cue" eingeführt.

5.2 Version Cue

Bredenfeld beschreibt Version Cue in [Bredenfeld 2006] als Teamwork, Versionierungs- und auch Archivierungs-Werkzeug, das für Arbeitsgruppen gedacht ist, die mit Adobe-Produkten arbeiten und daher geregelten Zugriff auf Dateien haben sollten. Das betrifft sowohl den Zugriff der Benutzer untereinander, auf ihre jeweiligen Datenbestände als auch den gemeinsamen Zugriff auf zentral gelagerte Daten auf einem Server.

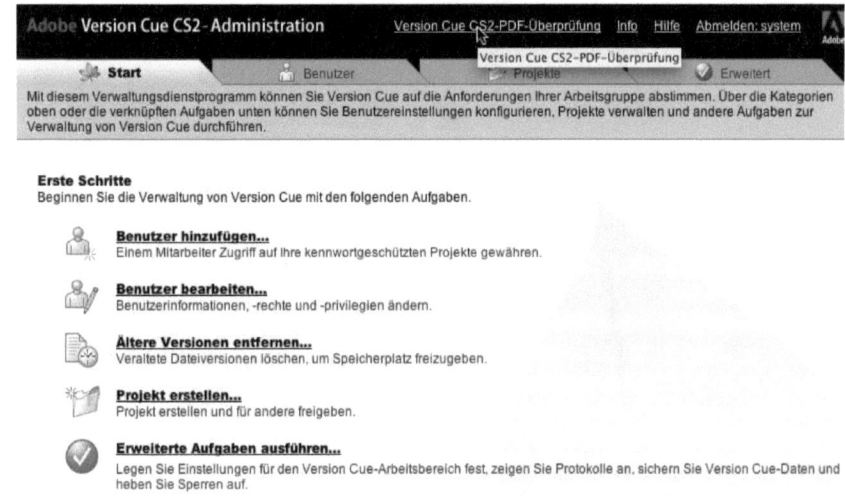

5.2 **„Adobe Version Cue CS2-Administration"**. Screenshot Privat-PC.

Version Cue ist im Lieferumfang der Creative Suite 3 enthalten und besteht aus

- dem Version Cue-Server, der auf dem Windows Server bzw. Mac OS X Server installiert wird. Die auf den Servern bereits vorhandenen Benutzer können dabei in Version Cue Server importiert werden und müssen nicht neu angelegt werden.

- der Version Cue-Konnektivität, die im Lieferumfang aller Suite-Komponenten wie z. B. Acrobat, Photoshop, InDesign etc. enthalten ist und mit der die Verbindung zum Version Cue-Server hergestellt wird.

Mithilfe der Version Cue-Serververwaltung ist es möglich

- Zugriffsberechtigungen für Benutzer, Gruppen und Projekte zu erstellen,

- verschiedene Dateiversionen zu verfolgen und

- die Zusammenarbeit in Arbeitsgruppen zu ermöglichen.

6 Resümee

Um eine Entscheidung treffen zu können, welches der beiden Server Betriebssysteme für die Umsetzung der Aufgaben

- Benutzer-Accounts und Gruppen-Accounts erstellen,

- Richtlinien für die Benutzung der Accounts festlegen,

- Home-Verzeichnisse und gemeinsam nutzbare Verzeichnisse anlegen

besser geeignet ist, sollte man die beiden Betriebssysteme anhand folgender Punkte vergleichen:

1. Für die Aufgabenlösungen bereitgestellte Programme,

2. Komplexität bei der Benutzung der Programme und damit verbunden die Einschulungszeit der Administratoren,

   a) Komplexität beim Anlegen eines Benutzers bzw. einer Gruppe

   b) Komplexität beim Anlegen des Home-Verzeichnisses bzw. des gemeinsam nutzbaren Ordners

3. Möglichkeiten zur Absicherung der Kennwörter und

4. Möglichkeiten zum Einstellen der Benutzungsrichtlinien und Berechtigungen.

6.1 Für die Aufgabenlösungen bereitgestellte Programme

Während Mac OS X Server den so genannten „Arbeitsgruppen-Manager" zum Anlegen und Verwalten von Benutzern und Gruppen zur Verfügung stellt, erledigt man unter Windows Server 2003 diese Aufgaben mit dem Snap-In „Active Directory-Benutzer und –Computer" und dem Gruppenrichtlinieneditor.

6.2 Komplexität bei der Benutzung der Programme

6.2.1 Komplexität beim Anlegen eines Benutzers bzw. einer Gruppe

Bevor man auf dem Mac OS X Server über den „Arbeitsgruppen-Manager" einen Benutzer anlegen kann, muss man zuerst die Verzeichnis-Domain öffnen, und sich bei dieser als Verzeichnis-Administrator anmelden. Ist dies erledigt, können Benutzer und Gruppen über die entsprechenden Buttons angelegt werden. Die Dialogboxen zum Ausfüllen der Benutzer- bzw. Gruppeninformationen sind zum größten Teil selbsterklärend. Der Unterschied zu Windows sind hier die Benutzer-ID und die Gruppen-ID, die Mac OS X Server intern zur eindeutigen Identifikation und für Berechtigungen verwendet. Die Benutzer-ID z. B. um den Eigentümer einer Datei festzulegen.

Auf dem Windows Server 2003 können Benutzer über das Snap-In „Active Directory-Benutzer und –Computer" einen Benutzer angelegt werden. Dabei stellt Windows so genannte Organisationseinheiten zur Verfügung, die für die logische Ordnung von Verzeichnisobjekten verwendet

Administration eines Teams von Bildarbeitern
Dokumentation für das Fach „Betriebssysteme II"

MD.H
MEDIADESIGN = HOCHSCHULE
FÜR
DESIGN
UND
INFORMATIK
UNIVERSITY OF
APPLIED
SCIENCES

Tamara Rachbauer, MI

werden. Damit hat man die Möglichkeit die „reale" Firmenstruktur auf den Rechner abzubilden. Dies bringt wiederum eine Erleichterung bei den Einstellungen der Berechtigungen, da sich die Administratoren nach den Berechtigungen in der „realen" Firmenstruktur richten können. Die restlichen Vorgehensweisen zum Anlegen der Benutzer und Gruppen und zum Ausfüllen der Dialogboxen sind auch hier wie beim Mac OS X Server selbsterklärend.

6.2.2 Komplexität beim Anlegen des Home-Verzeichnisses bzw. des gemeinsam nutzbaren Ordners

Das Erstellen des Privatordners, wie das Home-Verzeichnis, unter Mac OS X heißt, erfolgt ebenfalls im Arbeitsgruppen-Manager und ist beim Benutzer-Account im Register „Privat" zu finden. Hierbei kann das automatisch angelegte Netzwervolume „/Users" verwendet werden. Damit ist sichergestellt, dass die privaten Daten des Benutzers am Server abgesichert werden und der Benutzer immer Zugriff darauf hat, egal bei welcher Workstation er sich anmeldet.

Mac OS X Server unterstützt die Gruppen durch so genannte Gruppenordner, die beim Erstellen eines Gruppen-Accounts angegeben werden können und auf dem Netzwerkvolume „/groups" angelegt werden. Über diesen Ordner können die Mitglieder der Gruppe Informationen austauschen. Dabei können noch zusätzliche Einstellungen durch einfaches Anhacken von Kontrollkästchen gemacht werden, damit der Gruppenordner den Mitgliedern der Gruppe sofort nach dem Anmelden am Server zur Verfügung steht.

Will man unter Windows Server 2003 ein Home-Verzeichnis, den so genannten „persönlichen Ordner", auf dem Server anlegen, so ist dies nicht so einfach wie beim Mac OS X Server. Im ersten Schritt muss auf der Server-Festplatte ein Ordner angelegt, freigegeben und Zugriffsberechtigungen eingerichtet werden. Im zweiten Schritt muss eine Ordnerumleitung durchgeführt werden. Dafür benötigt man ein zusätzliches Werkzeug, die so genannte „Gruppenrichtlinienverwaltung".

Auch für den gemeinsam nutzbaren Ordner gibt es keine direkte Unterstützung wie beim Mac OS X Server mit den Gruppenordnern. Unter Windows muss auf dem Server ein Ordner erstellt, freigegeben und der Gruppe die Zugriffsberechtigungen erteilt werden.

6.3 Möglichkeiten zur Absicherung der Kennwörter

Will man unter Mac OS X Server Richtlinien zur Benutzung der Kennwörter einstellen wie z. B. eine Mindestlänge, so muss man einen so genannten „Kennwort-Server" einrichten und verwenden. Mit der Standardstrategie „Speichern eines Kennworts im Benutzer-Accont" können keine Richtlinien eingestellt werden.

Unter Windows Server 2003 können mit der Gruppenrichtlinienverwaltung zahlreiche Richtlinien eingestellt werden wie z. B. Mindestlänge, Kennwortalter, Komplexitätsvoraussetzungen.

6.4 Möglichkeiten zum Einstellen der Benutzungsrichtlinien

Unter Mac OS X Server werden Einstellungen und Kennwortrichtlinien ebenso wie die Zugriffssteuerung auf Hardware-, Software- und Netzwerkressourcen mit dem Arbeitsgruppen-Manager durchgeführt.

MD.H
MEDIADESIGN ∙ HOCHSCHULE
FÜR
DESIGN
UND
INFORMATIK
UNIVERSITY OF
APPLIED
SCIENCES

Unter Windows Server 2003 verwendet man zum Einstellen von Richtlinien die Gruppenrichtlinienverwaltung und zum Regeln der Zugriffsteuerung auf Ordner, Verzeichnisse oder Netzwerkressourcen die Freigabeberechtigungen und Sicherheitseinstellungen beim jeweiligen Objekt selbst.

6.5 Welches Betriebssystem ist besser für die Umsetzung geeignet?

Nach dem Vergleich der beiden Betriebssysteme in den oben aufgeführten Punkten, zeigt der Mac OS X Server seine Stärken vor allem beim Erstellen des Home-Verzeichnisses und des gemeinsam nutzbaren Ordners. Dies ist auf viel einfacherem Weg möglich als beim Windows Server 2003. Für die Erfüllung der Aufgabenstellung der Administration eines Teams von Bildbearbeitern würde die Entscheidung somit zugunsten des Mac OS X Servers fallen.

7 Literaturverzeichnis

[Apple Computer 2002] Apple Computer, Inc. „Verwalten Ihres Servers" Seiten 62–63. In *Mac OS X Server Administrator-Handbuch.* Apple Computer, Inc, 1995–2002.

[Apple Computer 2002a] Apple Computer, Inc. „Verzeichnisdienste" Seiten 71–135. In *Mac OS X Server Administrator-Handbuch.* Apple Computer, Inc, 1995–2002.

[Apple Computer 2002b] Apple Computer, Inc. „Benutzer und Gruppen" Seiten 137–239. In *Mac OS X Server Administrator-Handbuch.* Apple Computer, Inc, 1995–2002.

[Apple Computer 2006] Apple Computer, Inc. „Getting started with Workgroup Manager" Seiten 39–48. In *Mac OS X Server User Management. For Version 10.4 or Later.* Apple Computer, Inc, 2006.

[Apple Computer 2006a] Apple Computer, Inc. „Gruppen-Accounts" Seiten 51–58. In *Mac OS X Server. Dienste für die Zusammenarbeit. Administration für Version 10.4 (oder neuer).* Apple Computer, Inc, 2006.

[Apple Computer 2006b] Apple Computer, Inc. „Die Funktionen von Mac OS X Server im Überblick" Seiten 31–58. In *Mac OS X Server. Ergänzung zur Einführung.* Apple Computer, Inc, 2006.

[Apple Servers 2007] Apple Servers. *„Verwaltung von Arbeitsgruppen"* WWW-Präsentation, 2007. http://www.apple.com/de/server/macosx/workgroupmanagement.html

[Apple Servers 2007a] Apple Servers. *„Verwaltung von Desktop-Computern"* WWW-Präsentation, 2007. http://www.apple.com/de/server/desktop_management.html

[Beron 2003] Beron Robert. „Das Active Directory" Seiten 3–5. In *Benutzermanagement Windows Server 2003.* Dokumentation, April 2003.

[Beron 2003 a] Beron Robert. „Anlage von Benutzer und Gruppen im Active Directory" Seiten 21–29. In *Benutzermanagement Windows Server 2003.* Dokumentation, April 2003.

[Beron 2003b] Beron Robert. „Einführung in Gruppenrichtlinien" Seiten 36–38. In *Benutzermanagement Windows Server 2003.* Dokumentation, April 2003.

[Borchert 1996] Borchert Andreas. „Kleine Anleitung für das Ausdenken sicherer Passwörter" WWW-Präsentation, 1996 http://www.mathematik.uni-ulm.de/admin/passwd.html

[Bredenfeld 2006] Thomas Bredenfeld. „Teamwork und Versionierung." In *Adobe Photoshop CS2 professionell*. Galileo Design, 2006.

[Bundeskartellamt 2005] Bundeskartellamt. „Fusionsverfahren" WWW-Präsentation als PDF, Dezember 2005.
http://www.bundeskartellamt.de/wDeutsch/download/pdf/Fusion/Fusion06/B7-162-05.pdf

[Hammerl 2003] Hermann Hammerl. „*Netzwerkadministration. Server Windows 2003 als DC. Active Directory Service*"WWW-Präsentation, März 2003.
http://content.tibs.at/technik/server/windows/2003/win2003-netzwerkadministration.htm

[Microsoft TechNet 2004] Microsoft TechNet. „*Leitfaden zur Verwaltung von Active Directory*" WWW-Präsentation, September 2004.
http://www.microsoft.com/germany/technet/datenbank/articles/600538.mspx

[Microsoft TechNet 2004a] Microsoft TechNet. „*Leitfaden für Benutzerdaten und Benutzereinstellungen*"WWW-Präsentation, September 2004.
http://www.microsoft.com/germany/technet/datenbank/articles/600543.mspx

[Microsoft TechNet 2005] Microsoft Windows Server 2003 TechNet. „*Empfehlungen für Kennwörter*"WWW-Präsentation, Jänner 2005
http://www.microsoft.com/technet/prodtechnol/windowsserver2003/de/library/ServerHelp/d406b824-857c-4c2a-8de2-9b7ecbfa6e51.mspx?mfr=true

[Microsoft TechNet 2007a] Microsoft TechNet. „*Leitfaden zum Verständnis der Gruppenrichtlinienfunktionen*"WWW-Präsentation, September 2007.
http://www.microsoft.com/germany/technet/datenbank/articles/600539.mspx

[Microsoft TechNet 2007b] Microsoft TechNet. „*Leitfaden zur Verwendung der Gruppenrichtlinien-Verwaltungskonsole (GPMC)*"WWW-Präsentation, September 2007.
http://www.microsoft.com/germany/technet/datenbank/articles/600540.mspx

[Microsoft TechNet 2007c] Microsoft TechNet. „*Leitfaden zum Durchsetzen der Richtlinien für sichere Kennwörter*"WWW-Präsentation, September 2007.
http://www.microsoft.com/germany/technet/datenbank/articles/600541.mspx

[Microsoft TechNet 2007d] Microsoft TechNet. „*Leitfaden zur Verwendung des Assistenten zum Zuweisen der Objektverwaltung*"WWW-Präsentation, September 2007.
http://www.microsoft.com/germany/technet/datenbank/articles/600542.mspx

[Microsoft TechNet 2007e] Microsoft TechNet. „*Leitfaden für Benutzerdaten und Benutzereinstellungen*"WWW-Präsentation, September 2007.
http://www.microsoft.com/germany/technet/datenbank/articles/600543.mspx

[Rieß 2005] Markus Rieß. „*Adobe Photoshop CS2 als Werkzeug zur Bilddokumentation*". WWW-Präsentation als PDF, 2005.
http://www.adobewebevents.de/aufzeichnungen/Handout_73.pdf

8 Abbildungsverzeichnis